Stefan Bauert

Serviceorientierte Architekturen (SOA)

Ein neues Paradigma für die Entwicklung von betriebswirtschaftlicher Standardsoftware

Stefan Bauert

Serviceorientierte Architekturen (SOA)

Ein neues Paradigma für die Entwicklung von betriebswirtschaftlicher Standardsoftware

GRIN Verlag

Bibliografische Information der Deutschen Nationalbibliothek: Die Deutsche Bibliothek verzeichnet diese Publikation in der Deutschen Nationalbibliografie; detaillierte bibliografische Daten sind im Internet über http://dnb.d-nb.de/ abrufbar.

1. Auflage 2004
Copyright © 2004 GRIN Verlag
http://www.grin.com/
Druck und Bindung: Books on Demand GmbH, Norderstedt Germany
ISBN 978-3-640-31622-9

SERVICEORIENTIERTE ARCHITEKTUREN (SOA) -

EIN NEUES PARADIGMA FÜR DIE ENTWICKLUNG VON

BETRIEBSWIRTSCHAFTLICHER STANDARDSOFTWARE

Studienarbeit

für die

Prüfung zum Diplom-Wirtschaftsinformatiker

(Berufsakademie)

im Studienbereich Wirtschaft

im Studiengang Wirtschaftsinformatik

an der

Berufsakademie

-Staatliche Studienakademie-

Ravensburg

Verfasser:	Stefan Bauert
Kurs:	WI2001-2
Abgabedatum:	19.03.2004

INHALTSVERZEICHNIS

ABKÜRZUNGSVERZEICHNIS

A2A	=	Application to Application
B2B	=	Business to Business
B2C	=	Business to Customer
BPEL	=	Business Process Execution Language
BPML	=	Business Process Modeling Language
CORBA	=	Common Object Request Broker Architecture
CPU	=	Central Processing Unit
CRM	=	Customer Relationship Management
DCOM	=	Distributed Component Object Model
EAI	=	Enterprise Application Integration
ECC	=	ERP Central Component
EDI	=	Electronic Data Interchange
ERP	=	Enterprise Resource Planning
ERP II	=	Enterprise Resource Planning II
ESA	=	Enterprise Services Architectures
GUI	=	Graphical User Interface
HTTP	=	Hypertext Transfer Protocol
IT	=	Informationstechnik
MOM	=	Message-orientierte Middleware
MRP	=	Material Requirement Planning
MRP II	=	Material Resource Planning
PC	=	Personal Computer
RPC	=	Remote Procedure Call
SCM	=	Supply Chain Management
SOA	=	Serviceorientierte Architektur
SOAP	=	Simple Object Access Protocol
SRM	=	Supplier Relationship Management
SSW	=	Standardsoftware
TCP/IP	=	Transmission Control Protocol / Internet Protocol
UDDI	=	Universal Description, Discovery and Integration
W3C	=	World Wide Web Consortium
WebAS	=	Web Application Server
WSCI	=	Web Services Choreography Interface
WSDL	=	Web Service Description Language
WS-I	=	Webservice-Interoperability Organisation
XML	=	Extensible Markup Language

ABBILDUNGSVERZEICHNIS

1 Einleitung

Vielfältige organisatorische Änderungen, u.a. die Prozessorientierung, verlangen Anpassungen der IT, um neuen Herausforderungen, wie unternehmensübergreifende Zusammenarbeit, gewachsen zu sein. Die Organisation gilt dabei als Treiber für die IT und umgekehrt.

Die Globalisierung und Konsolidierung der Märkte und die damit verbundenen Produktivitätssteigerungen der Unternehmen zwingen die IT, sich ständig zu wandeln. Im Gegensatz zu funktionsorientierter Software etablieren die meisten Unternehmen bereits das Prozessdenken. Außerdem sind Unternehmen immer mehr gefordert, flexibel auf Änderungen der Märkte zu reagieren, was ein hohes Maß an Integration, nicht nur im Unternehmen, sondern auch über Unternehmensgrenzen hinweg bedeutet. Mit den Einsatz einer Serviceorientierten Architektur (SOA) scheint dieser Quantensprung durch die Verwendung neuer Informationssysteme, wie ERP II, nun möglich zu sein. Dies wirkt sich auf die Informationsstrategie eines Unternehmens aus und trägt somit zur Weiterentwicklung bei. Die sich hinter einem Hype befindliche Web-Service Technologie beeinflusst den Trend der Service-Orientierung dabei maßgeblich.

Es gilt nun im Rahmen dieser Arbeit herauszustellen, ob es sich bei der Verwendung einer SOA um ein neues Paradigma für die Entwicklung von Standardsoftware (SSW) handelt.

Dazu werden im ersten Teil der Arbeit Begrifflichkeiten im Rahmen von SSW, sowie mögliche Architekturen und verschiedene Standardsoftwarekonzepte näher betrachtet. Im Anschluss daran wird im zweiten Abschnitt das Konzept einer Serviceorientierten Architektur erläutert und am Beispiel von Web Services näher gebracht. Daraufhin wird auf die Bedeutung von SOA in Bezug auf Integrationsmöglichkeiten eingegangen. Bevor die Betrachtung der SOA als Paradigma und der Ausblick für zukünftige Entwicklungen stattfindet, werden die Auswirkungen auf betriebswirtschaftliche SSW, deren Entwicklung in Richtung ERP II sowie die Entwicklung am Beispiel der SAP aufgezeigt.

2 Standardsoftware

2.1 Betriebswirtschaftliche Standardsoftware

In einem Unternehmen tritt das Thema Standardsoftware meist während der System-
entwicklung, in der Phase des Erstellens eines Soll-Konzeptes, auf. Nach Abschluss
dieser Phase muss die Firma in der Lage sein, eine Make-or-Buy Entscheidung für die
Einführung eines Softwaresystems treffen zu können. Fällt die Wahl dabei auf Fremd-
bezug, wird in vielen Fällen Standardsoftware eingekauft und eingeführt. Dabei werden
als SSW „fertige Programme bezeichnet, die auf Allgemeingültigkeit und mehrfache
Nutzung hin ausgelegt sind."[1] Des weiteren ist SSW funktionsübergreifend und modular aufgebaut. Da jedes Unternehmen spezifische Prozesse aufweist, wird diese Software durch Parametrisierung oder so genanntes Customizing an die speziellen Prozesse des Unternehmens angepasst. SSW weist gegenüber Individualsoftware Vorteile, wie kürzere Einführungszeit, Kostenreduzierung sowie einfachere zwischenbetrieb-
liche Integration auf. Außerdem treten Nachteile, wie die oben genannte Anpassung an
das Unternehmen und Abhängigkeiten von spezifischen Anbietern, auf.

Betriebswirtschaftliche SSW ist SSW, welche alle wesentlichen betrieblichen Funktionsbereiche eines Unternehmens abdeckt und somit neue Formen von Geschäftsprozessen, Organisationen und Unternehmen unterstützt, beschleunigt und ermöglicht.[2]
Die wohl bekanntesten Anbieter von betriebswirtschaftlicher SSW sind SAP, ORACLE,
Microsoft und Baan. Während der letzten 40 Jahre gab es verschiedene Architekturen,
sowie Konzepte betriebswirtschaftlicher SSW auf die im folgenden kurz eingegangen
wird.

2.2 Softwarearchitekturen für SSW

Eine Softwarearchitektur stellt eine Abstraktion zur Reduzierung der Komplexität in der
Veranschaulichung eines Softwaresystems dar.[3] „'Der grundlegende Ansatz zur Strukturierung von Softwaresystemen ist eine Zerlegung in Schichten.' Sie führen zu kohä-
renten und schwach gekoppelten Strukturen und bieten auch die Basis für eine physi-
kalische Verteilung auf verschiedene Rechner."[4]

Ein Informationssystem besteht aus folgenden drei Schichten: der Präsentations-, der
Anwendungs- und der Persistenzschicht.

---

[1] Hansen/ Neumann, 2001, S. 152
[2] Vgl. Kästle, 2003, 11-4 ff.
[3] Vgl. Dustdar/ Gall/ Hauswirth, 2003, S. 2
[4] Dunkel/ Holitschke, 2003, S. 16, zitiert nach Buschmann et al., 1996, o.S.

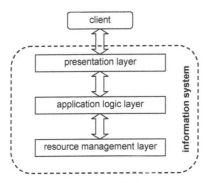

Quelle: Alonso et al., 2004, S. 4

Abb. 1: Die Schichten eines Informationssystems

Dabei sorgt die Persistenzschicht, auch Datenschicht genannt, für die dauerhafte Spei-
cherung der Daten, welche heutzutage vorwiegend in relationalen Datenbanksystemen
stattfindet. Diese Schicht ist für die Bereitstellung dieser Daten für die darüber liegende
Schicht verantwortlich. Die Anwendungsschicht, auch als Geschäftslogik- oder Applika-
tionsschicht bezeichnet, realisiert sämtliche fachliche Funktionalitäten der Anwendung.
Auf die unter ihr liegende Persistenzschicht greift sie über definierte Schnittstellen zu.
Des weiteren werden in dieser Schicht Operationen durchgeführt, welche schließlich
ihre Ergebnisse zur Darstellung an die Präsentationsschicht weitergeben. Durch die
Darstellung verschiedener Informationen mittels einer Benutzeroberfläche (meist GUI),
dient die Präsentationsschicht zur Kommunikation mit dem Menschen oder anderen
Computern. Außerdem ist es möglich, auf entsprechende Ereignisse zu reagieren und
somit eine Weiterleitung der entsprechenden Daten an die Anwendungsschicht auszu-
lösen.[5]

2.2.1 Mainframe – Architektur

Bei Mainframe-Systemen sind die drei genannten Schichten in eine einzige Schicht
zusammengeführt, d.h. dass die gesamte Logik der Anwendungen, die Datenhaltung
sowie die Präsentation in einer einzigen Applikation liegen. Aktivitäten finden i.d.R.
zwischen dem System und einfachen Terminals statt. Diese Terminals bestehen meist
nur aus Bildschirmen und Tastaturen. Durch diese Aufteilung ist es möglich, sich auf
die optimale Ausnutzung der CPU-Leistung und somit auf eine optimale Performance
zu konzentrieren. Dem gegenüber stehen auch Nachteile, wie die Kosten für die An-
schaffung und den Betrieb, sowie die schlechte Portierbarkeit, aufgrund des Einsatzes
herstellerspezifischer Schnittstellen und Systeme.

---

[5] Vgl. Dunkel/ Holitschke, 2003, S. 17 ff.

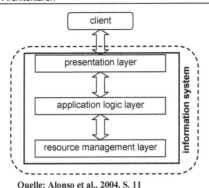

Quelle: Alonso et al., 2004, S. 11

Abb. 2: Architektur eines Mainframes

2.2.2 Client-Server Architektur

Durch die Dezentralisierung der Datenverarbeitung dieser oben genannten proprietären Strukturen und durch den verstärkten Einsatz von PCs und Workstations, anstatt
der einfachen Terminals, entstanden in den 80er Jahren die ersten offenen Rechner-
konzepte.[6] Durch die Leistungssteigerung der PCs war es nicht länger notwendig, die
Präsentationslogik zusammen mit den anderen Schichten auf einem Rechner zu hal-
ten. Man löste diese heraus, um sie in den Client zu integrieren. Damit ist die erste
zwei-stufige Client-Server Architektur entstanden und man kann nun zwischen einem
Serviceanbieter und einen Servicenutzer unterscheiden. Diese Ausgliederung hat zu-
dem folgende Vorteile. Zum einen ist es möglich, die Benutzeroberfläche den entsprechenden Anforderungen anzupassen, den Server von der Verarbeitung von Oberflächen zu befreien und somit mehr Ressourcen für die Anwendungs- und Persistenzschicht zu schaffen. Zum anderen kann man zwischen Thin-Client und Fat-Client unterscheiden, je nachdem wo sich die Anwendungslogik befindet. Durch diese Unab-
hängigkeit der Präsentationsschicht sind Informationssysteme auf verschiedene Platt-
formen portierbar.

Ein großer Nachteil der zwei-stufigen Architektur offenbart sich darin, dass nur eine
begrenzte Anzahl an Clients gleichzeitig mit dem Server kommunizieren können und
somit das System nur begrenzt skalierbar und dadurch unflexibel ist. Um diese
Nachteile zu beseitigen, wird eine neue Schicht, in die die Anwendungsschicht verla-
gert wird, eingeführt. Diese Schicht kann auch als Middleware bezeichnet werden. Dadurch wird die Architektur komplexer. Durch Verwenden verschiedener Server für die
Schichten kann eine ausreichende Skalierbarkeit erreicht werden. Das wohl bekann-
teste Produkt, welches auf dieser drei-stufigen Architektur basiert, ist SAP R/3.

---

[6] Vgl. im Folgendem Keller, 1999, S. 9 ff.

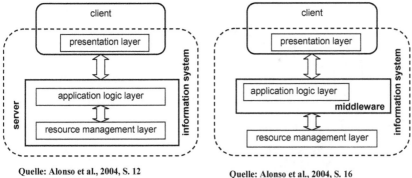

Quelle: Alonso et al., 2004, S. 12

Abb. 3: Zwei-stufige Client-Server Architektur

Quelle: Alonso et al., 2004, S. 16

Abb. 4: Drei-stufige Client-Server Architektur

Die dreistufige Architektur wird durch das Einbringen mehrerer Server in die Middleware-Schicht auf eine N-stufige Architektur skaliert.

2.3 Historische Entwicklung betriebswirtschaftlicher SSW

Im folgenden wird kurz auf die verschiedenen Standardsoftwarekonzepte der Vergangenheit eingegangen. Dabei erhebt diese Auflistung keinen Anspruch auf Vollständigkeit.

2.3.1 Material Requirement Planning (MRP)

Anfang der 70er wurden Systeme, als Nachfolger von einfachen Bestandsaufnahmesystemen, zur Planung des Materialbedarfs entwickelt und in Unternehmen eingeführt. Dadurch war es möglich, nicht nur eine Bestandskontrolle durchzuführen, sondern auch den Fluss von Komponenten und Rohstoffen zu steuern und voraus zu planen.[7] Bereits in der Grundform war die Fertigungsstufen-orientierte Zerlegung der Mengenplanung möglich. Dies ermöglichte für jede Fertigungsstufe eine sukzessive Brutto- und Nettorechnung, Losplanung, Vorlaufsverschiebung und Bedarfsauflösung für die nächste Stufe und somit das sogenannte Master Production Scheduling. Als eine Erweiterung wurden auch Kapazitätsrestriktionen berücksichtigt, sowie der MRP-Kern in ein Regelkreissystem eingebunden.[8] Software-architektonisch waren die MRP-Systeme als eine Mainframe-Anwendung aufgebaut.[9] D.h. alle Applikationen und somit alle Daten waren zentral auf einem Großrechner angesiedelt. Eines der größten Probleme war die Unstabilität der Systeme, welche dazu führte, dass unterschiedliche Ergebnisse auf ein und dieselbe Anfrage ausgegeben wurden.

---

[7] Vgl. Amor, 2000, S.165
[8] Vgl. Galley, 2002, S.19
[9] Vgl.Koss/ Bramer/ Peterson, 1998, o.S.

2.3.2 Material Resource Planning (MRP II)

Zu Beginn der 80er wurden MRP II - Systeme eingeführt, welche MRP plus neue Funktionalitäten, wie Shop Floor, Vertriebsmanagement sowie Termin- und Kapazitätsplanung zu einem geschlossenen, integrierten System zusammenführten. Ziel war es dabei, die Kapazitätsauslastung zu maximieren sowie die Durchlaufzeit zu verringern und somit den gesamten Produktionsprozess zu optimieren. Diese Systeme liefen, wie die MRP-Systeme, auf Mainframes, jedoch nun in Verbindung mit lokalen Netzwerken. Des weiteren beruhten diese Systeme auf einem hierarchischen Konzept, welches explizite, semantisch begründbare Planungsebenen beinhaltete.[10]

2.3.3 Enterprise Resource Planning (ERP)

In den 90ern gab es dann erneut einen Trend und zwar in Richtung ERP-Systeme.

„ Unter ERP (Abkürzung von engl.: enterprise resource planning) versteht man ein aus mehreren Komponenten bestehendes integriertes Anwendungspaket, das alle wesentlichen betrieblichen Funktionsbereiche abdeckt (Beschaffung, Produktion, Vertrieb, Finanzwesen, Personalwirtschaft usw.). Die Integration wird dabei von einer zentralen Datenbank unterstützt, wodurch Datenredundanz vermieden und integrierte Geschäftsprozesse ermöglicht werden."[11]

ERP-Systeme werden des weiteren durch Dialogprogrammierung, Belegprinzip, Integration, Offenheit, Internationalität sowie Tele-Processing, um einige zu nennen, charakterisiert. Die Releasestrategie, das Partnerkonzept und die Mitarbeiter spielen ebenfalls eine wichtige Rolle. In diesen ERP-Systemen, welche die MRP II-Systeme um kaufmännische Funktionalitäten ergänzen, standen jedoch eine lange Zeit nur interne Prozesse im Mittelpunkt. Durch das Aufkommen des Internets, kamen erste Gedanken zur Integration der Geschäftspartner auf. Die Einbindung von Lieferanten- und Kundensystemen läuft bisher, u.a. aufgrund fehlender Standardisierung von Schnittstellen, nur schleppend. In der Vergangenheit wurde deshalb versucht, z.B. mittels Electronic Data Interchange (EDI), Daten verschiedener Systeme auszutauschen, was sich als äußerst kostenintensiv und aufwendig herausstellte.

Bei ERP-Systemen wurde in den letzten Jahren konsequent die Client-Server Technik eingesetzt, welche es durch leistungsstarke PCs ermöglichte, einheitliche grafische Oberflächen für den Anwender zu schaffen.

---

[10] Vgl. Galley, 2002, S. 20
[11] Hansen/ Neumann, 2001, S. 523

3 Serviceorientierte Architektur – Ein neues Architekturkonzept

3.1 Bisherige Probleme

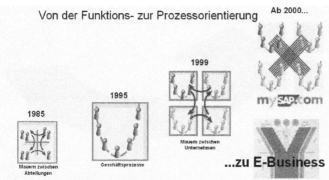

Quelle: Kästle, 2003, S. 13-7

Abb. 5: Entwicklung der Unternehmen

Mitte der 80er waren durch die generelle Funktionsorientierung in den Unternehmen starke Mauern zwischen den funktionalen Abteilungen entstanden. Jede Abteilung hatte eigene Software und Informationssysteme, welche meist durch Laien nebenher betreut worden sind. Als man sich Anfang der 90er an Geschäftsprozessen orientierte, gelang es auch, unternehmensweite Softwaresysteme, welche von sich neu bildenden IT-Abteilungen betreut wurden, einzuführen und somit die Grenzen zwischen den Abteilungen aufzuheben. Durch diese Prozessorientierung konnte man nun eine einheitliche Unternehmensdarstellung schaffen. Aufgrund des Aufkommens der Internettechnologie stellte man rasch fest, dass die aktuellen IT-Systeme bislang nur intern von Bedeutung waren und man hinsichtlich seiner Lieferanten und Kunden immer noch isoliert und schwer erreichbar war. Durch den Druck von Time-To-Market sowie Produktivitätssteigerungen bei gleichzeitiger Kostenreduzierung stellte sich bald heraus, dass die eigenen Systeme mit den Systemen der Geschäftspartner integriert werden müssen, um an den hart umkämpften Märkten weiterhin bestehen zu können. Zahlreiche Versuche der Integration schlugen fehl, da ein Konzept fehlte, welches u.a. die Anzahl der Schnittstellen reduzierte und somit die Komplexität verringern konnte. Des weiteren kamen Probleme bei der Integration von Altsystemen auf, da früher viele Systeme durch weitere Insellösungen ergänzt wurden sind, was die Anzahl der Schnittstellen erhöhte. Neben der Integration der Anwendungen und der Geschäftsprozesse der

Geschäftspartner ist die Heterogenität, d.h. die Verschiedenheit der Systeme, ein zentrales Problem bisheriger Integrationsversuche.

Eines der größten Probleme waren jedoch fehlende Standards, da jedes Unternehmen versuchte, nicht nur technisch, sondern auch fachlich, eigene Standards zu definieren.

3.2 Vision

Beim ersten Sichten von Literatur über SOA wird man schnell auf folgende visionäre Vorstellung hinsichtlich einer solchen Architektur aufmerksam. Diese Vorstellung wird anhand einer Geschichte präsentiert[12], in welcher ein Geschäftsmann eine mehrtägige Geschäftsreise mit diversen Kundenbesuchen, sowie die dazugehörigen Flug-, Mietwagen- und Hotelbuchungen vornimmt. Dazu verwendet er im voraus eine Web-Anwendung und gibt Daten, wie zu besuchende Kunden, sowie Beginn und Ende der Reise an. Automatisch erreichen ihn nach kurzer Zeit die notwendigen Flug-, Mietwagen- sowie Hoteldaten. Sein Online-Kalender wird automatisch mit den Kalendern der Kunden abgeglichen und ein entsprechender Termin vereinbart. Während der Reise kann er z.B. Kundendaten sowie Änderungen des Reiseverlaufs ständig über sein mobiles Endgerät überprüfen und bekommt zusätzlich Instant Messages geschickt. Selbst das Navigationssystem des Mietwagens ist bereits automatisch auf den zu besuchenden Kunden eingestellt. Dies ist nur ein kleiner Ausschnitt aus der Geschichte des vielreisenden Managers. Jedoch wird bereits deutlich, dass in diesem Fall die Systeme mehrerer Geschäftspartner stark miteinander verzahnt sind.

Zur Zeit ist diese Geschichte noch eine Vision, sie soll aber in naher Zukunft bereits Realität werden. Des weiteren hofft man folgendes umsetzen zu können: „make all your different application systems act as one huge virtual application that has full access to all the different capabilities in all the different application systems.“[13] Somit ist es nicht verwunderlich, dass Analysten das Marktvolumen für SOA auf rund 43 Milliarden Dollar im Jahre 2010 schätzen.[14]

3.3 SOA- im Detail

3.3.1 Begriffsbestimmung

Eine SOA ist eine Softwarearchitektur. „Ein wichtiger Aspekt von Software-Architektur ist, dass sie eine Abstraktion darstellt, die zur Reduktion der Komplexität in der Veranschaulichung eines Software-Systems wesentlich beiträgt.“[15] Somit wird eine solche Architektur häufig als Bauplan für ein Software-System angesehen, in welchem die

---

[12] Vgl. im Folgendem Barry, 2003, S. 5 ff.
[13] Fontana, 2003, o.S.
[14] Vgl. Reiter, 2004, S. 8
[15] Dustdar/ Gall/ Hauswirth, 2003, S. 2

Systemkomponenten und ihre Interaktionen auf einem abstrakten Level beschrieben werden. Der Begriff der SOA ist nicht neu, sondern findet schon seit Ende der 80er, seit dem Aufkommen des Remote Procedure Calls (RPC), Verwendung. Daraufhin wurde mit proprietären Ansätzen versucht, eine solche Architektur z.b. mit DCOM[16] oder CORBA[17] umzusetzen. Dies war aber meist führenden Projekten mit visionären Softwarearchitekten und den notwendigen finanziellen Ressourcen vorbehalten.[18] Durch den Boom von Web Services, auf dieses Thema wird später eingegangen, rückt SOA wieder in den Vordergrund der Interessen. Unter einer SOA versteht man folgendes: „an application architecture within which all functions are defined as independent services with well-defined invokeable interfaces which can be called in defined sequences to form business processes"[19]. Nach dieser Definition ist das Prinzip einer SOA, die Bereitstellung von Funktionalitäten als wiederverwendbare Services mit aufrufbaren Schnittstellen zur Gestaltung von Geschäftsprozessen. Anders ausgedrückt, beinhaltet eine SOA das Zerstückeln von Prozessen in modulare Services, die durch standardisierte Schnittstellen nutzbar sind.[20] Damit ist klar, dass das Kernelement einer SOA ein Service ist, welcher wiederum von der Gartner Group folgendermaßen definiert wird: „ Services are software modules that are accessed by name via an interface, typically in a request-reply mode."[21] Dabei findet die Kommunikation über nachrichtenbasierten XML-Transfer statt. Prinzipiell lässt sich diese Kommunikation synchron oder asynchron, durch die Kopplung an entsprechende Protokolle wie HTTP oder SMTP, realisieren. Des weiteren sollen die Schnittstellen plattformunabhängig, dynamisch aufrufbar und abgeschlossen sein. Bei Einhaltung des SOA Prinzips werden neue Anwendungen nicht mehr monolithisch sein, sondern aus einer Ansammlung von Services, welche lose gekoppelt sind, bestehen.[22]

3.3.2 Aufbau und Kernelemente

Eine SOA besteht aus vier Schichten, wobei der prinzipielle Aufbau stark dem drei stufigen Client-Server Prinzip ähnelt. Die unterste Schicht, die Datenschicht, enthält eine Datenbank und stellt somit umfangreiche Daten zur Verfügung. In Zukunft entstehen Anwendungen durch Zusammenfügen bzw. Nutzen von Services. Dadurch sind in der Datenschicht keine Legacysysteme, sondern nur eine zentrale Datenbank vorhanden. Bis es aber soweit ist, können monolithische Legacysysteme über einen Adapter ihre

---

[16] DCOM= steht für Distributed Component Object Model und ist die Erweiterung des Windows Standards COM, welcher ein komponentenbasiertes Objektmodell darstellt. DCOM ermöglicht den Einsatz von COM in heterogenen Systemen.
[17] CORBA= „ ist ein Standard zur Entwicklung objektorientierter Anwendungen in verteilten und heterogenen Systemen" Hansen/ Neumann, 2001, S. 168
[18] Vgl. Schulte, 2002, S. 2
[19] Channabasavaiah/ Holley/ Tuggle Jr., 2003, o.S.
[20] Vgl. Buchholz, 2003, S. 71
[21] Natis, 2003, o.S.
[22] Vgl. Mc Dowall, 2003, o.S.

Funktionalitäten direkt der Geschäftlogikschicht zur Verfügung stellen. Die Datenschicht kommuniziert mit der darüber liegenden Schicht der Geschäftslogik und stellt eine einheitliche Sicht auf die Daten zur Verfügung. Die Schicht der Geschäftslogik integriert Daten und Funktionen und ermöglicht somit das Abbilden von Prozessen. Sie enthält eine Art Bauplan zur Gestaltung bzw. Kopplung der Prozesse und stellt somit die klassische Enterprise Application Integration (EAI) dar. Diese Prozesse können in Services, welche sich in der darüber liegenden Serviceschicht befinden, zerlegt werden. Aufgrund der Integration von Daten und Funktionen können diese dort zu neuen umfangreicheren Services, den sogenannten Composite Applications, zusammengefügt werden. Damit ist es möglich, neue Prozesse abzubilden. Die Serviceschicht, welche sich oberhalb der Geschäftslogik befindet, bietet somit zum einen Services und zum anderen zusammengesetzte Applikationen über einen Web-Applikations-Server nach außen an. Dabei können neue bzw. zusätzliche Services auch durch Individualentwicklung oder mittels Kauf von anderen Anbietern eingestellt werden. Der Anwender oder andere Systeme können schließlich über das User Interface die in der Serviceschicht angebotenen Services nutzen. Die Benutzerschnittstelle ist entkoppelt. Damit kann jede Schnittstelle unabhängig von deren Plattform erreicht werden.[23] Durch die völlige Entkopplung der Präsentations- von der Anwendungsschicht ist der Einsatz eines zwei-stufigen Client-Server Konzepts nicht möglich. Des weiteren wird dadurch eine Automatisierung zwischen den Anwendungen erreicht. Im SOA Konzept steht die automatisierte Kommunikation zwischen Anwendungen im Vordergrund und der Mensch bzw. Anwender ist nur mittelbar eingebunden.[24] Folgende Abbildung, welche in Zusammenarbeit mit Herrn Oppel entstanden ist, verdeutlicht den Aufbau einer SOA im Endzustand.

[23] Vgl. Travis, 2003, o.S.
[24] Vgl. Dostal/ Jeckle, 2004, o.S.

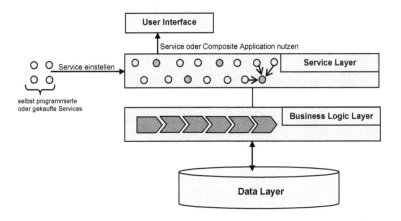

Abb. 6: Aufbau einer Serviceorientierten Architektur

Eine SOA beinhaltet außerdem verschiedene Rollen. Damit die Services auch einen Sinn haben, fehlen nun noch die betreffenden Beteiligten, die einen Nutzen aus dem Service ziehen können. In der einfachsten Realisierungsform umfasst eine SOA einen Provider und einen Consumer. Ein Provider ist dabei eine Applikation oder ein Softwaresystem, welches Anfragen eines Consumers versteht, bearbeitet und diesen die Nutzung eines Services anbietet. Der Consumer ist ebenfalls eine Applikation oder ein Softwaresystem, welches einen angebotenen Service nutzt. Zugleich kann der Provider auch Consumer und umgekehrt sein.

Da diese Grundform bei Vorhandensein zahlreicher Provider und Consumer schnell zu einem unüberschaubaren Chaos führen würde, wurde ein Verzeichnis, das sogenannte Directory oder auch Registry, zur Administration der Services eingeführt. Dieses Verzeichnis enthält Informationen über die von den Providern angebotenen und veröffentlichten Services. Neben Informationen über sich, sowie den angebotenen Service, sendet der Provider auch Informationen zum Verbindungsaufbau an das Directory. Der Consumer verwendet bei der Suche nach einem entsprechenden Service das Directory und fragt dort über angebotene Services nach. Daraufhin erhält der Consumer von dem Verzeichnis die notwendigen Informationen über den Provider, sowie den Verbindungsaufbau und kann somit die Kommunikation mit dem Dienstanbieter aufnehmen.[25] Die soeben dargestellten Rollen und ihre Abhängigkeiten fasst folgende Abbildung zusammen.

---

[25] Vgl. Fontana, 2003, o.S.

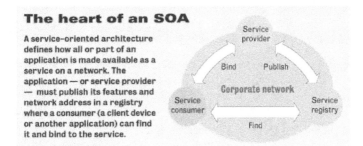

Quelle: Fontana, 2003, o.S.

Abb. 7: Kernelemente einer SOA

3.3.3 Forderungen und Eigenschaften einer SOA

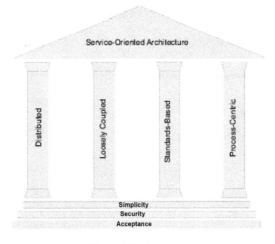

Quelle: Vgl. Stencil Group, 2002, S. 9

Abb. 8: Forderungen und Eigenschaften einer SOA

Diese Abbildung, das SOA-Haus oder der SOA-Tempel von der Stencil Group zusammen mit den Stufenbezeichnungen von Mario Jeckle, zeigt auf einem Blick alle wichtigen Forderungen bzw. Eigenschaften einer SOA. Die Basis für diese Architektur stellen dabei die säulentragenden Stufen dar. Die erste Stufe, welche mit Akzeptanz beschriftet ist, macht deutlich, dass eine Technologie wie SOA, egal wie gut und genial sie sein mag, nur verwendet wird, wenn sie von den Experten und schließlich auch den Anwendern akzeptiert wird. Eine Architektur ohne Akzeptanz hat keinen Erfolg. Jedoch kann durch die gute Umsetzung der durch die Säulen geforderten Eigenschaften die Akzeptanz wesentlich beeinflusst werden. Die darauf aufbauende Stufe Sicherheit

setzt voraus, dass bei einer Realisierung alle Sicherheitsbelange sowie Berechtigungen berücksichtigt werden müssen. Die dritte Stufe des Fundaments ist die Einfachheit. Dies bedeutet, dass eine SOA, zum einem vom Konzept her, einfach sein soll, somit schnell verstanden werden kann und zum anderen trotzdem einfach anwendbar ist.[26] Die auf diesem Fundament aufbauenden Säulen, welche die Eigenschaften Verteilung, lose Kopplung, Standards und Prozessorientierung verdeutlichen, tragen letztendlich das Dach der damit entstehenden SOA. Unter Verteilung wird die Verteilung der Architektur verstanden. D.h. das Elemente wie der Consumer, der Provider und das Directory über ein Netzwerk verteilt sein können und nicht zusammen in einer Anwendung implementiert sein müssen. Somit müssen die Schnittstellen der Services dynamisch über ein Netzwerk ansprechbar und plattformunabhängig sein. Die lose Kopplung ist ebenfalls eine wichtige Forderung an eine SOA. Lose Kopplung, d.h. nur wenige, aber definierte Abhängigkeiten zwischen Consumern und Providern. Je mehr Informationen der Consumer über die Nutzung des angebotenen Services benötigt, desto höher ist die Kopplung. Um zu verhindern, dass der Consumer umfangreiche Informationen zum Aufruf eines Services braucht, wird eine neue Schicht, der Service-Layer, eingefügt. Damit werden sämtliche Implementierungsdetails des Providers vor dem Consumer versteckt. Durch diese minimale Abhängigkeit von den Implementierungsdetails des Kommunikationspartners erfordern Änderungen bei einem der beteiligten Kommunikationspartner keine Änderungen bei dem anderen. Eine weitere wichtige Forderung für eine SOA sind die Standardisierungen, welche wesentlich zu einem Erfolg beitragen können. Solch eine Definition von entsprechenden Standards für die Umsetzung einer SOA bietet neben der einfacheren Integrationsmöglichkeit u.a. auch den Vorteil der Investitionssicherheit, da notfalls zu einem anderen Anbieter gewechselt werden kann. Die letzte tragende Säule ist die Prozessorientierung. Ein Service ist zwar eher aus der Sicht der Aufgabenorientierung erstellt, beschreibt aber dennoch seine Ein- und Ausgaben in einem solchen Maße, dass ein Consumer feststellen kann, welche Funktionen er ausführt, welche Parameter erwartet werden und welches Resultat er erhält. Außerdem kann durch Kombination verschiedener Services das Abbilden von Prozessen erreicht werden. Außerhalb dieses SOA-Tempels bestehen noch weitere Forderungen bzw. Eigenschaften einer SOA. Zum einen wird die Funktionalität als Service modular und wiederverwendbar zur Verfügung gestellt. Die Wiederverwendung eines Service ist dabei sehr wichtig, da durch Kombination verschiedener vorhandener Services die Neugestaltung von Composite Applications ermöglicht wird. Damit können einfach und schnell neue Ziele erreicht und neue Geschäftsprozesse abgebildet werden. Zum anderen ist Modularität ein wichtiger Aspekt, die durch Teilen bzw. Trennen der Funktionalitäten in kleinere Teile erreicht wird. Dabei sollte die Funktionalität, wel-

---

[26] Vgl. Dostal/ Jeckle, 2004, o.S.

che ein Service bietet, aber dennoch grobkörnig genug bleiben, um nicht die Anzahl der Interaktionen zwischen den Beteiligten zu erhöhen und somit die Performance zu verschlechtern.

3.4 Umsetzung mit Web Services

3.4.1 Begriffsbestimmung

SOA gibt es bereits, wie oben erwähnt, seit Ende der 80er, jedoch ist sie gerade durch das Aufblühen der Web Services wieder aktuell. Web Services stellen dabei eine spezifische Implementierung einer SOA, basierend auf entsprechenden Standards und Protokollen, wie SOAP, WSDL und UDDI, dar. Nach dem World Wide Web Consortium (W3C) versteht man unter Web Services folgendes: „A Web service is a software system designed to support interoperable machine-to-machine interaction over the network. It has an interface described in a machine-processable format (specifically WSDL). Other systems interact with the Web service [...] using SOAP-messages, typically conveyed using HTTP with an XML serialization in conjunction with other Web-related standards."[27] Durch die bereits festgelegten Standards für Web Services steigt deren Akzeptanz, sinkt die Heterogenität und durch das Zugrundelegen von HTTP wird die Integration von Anwendungen über Unternehmensgrenzen hinweg um ein Vielfaches erleichtert. Somit stellen Web Services mit der Umsetzung einer SOA einen wichtigen Schritt in Richtung Automatisierung des Datenaustausches verschiedener Systeme dar. Anforderungen an Web Services, über die Forderungen einer SOA hinweg, sind u.a. Zuverlässigkeit und Benutzerfreundlichkeit. Des weiteren unterscheidet Heutschi zwischen einer geschäftlichen und einer technischen Sicht auf Web Services. Dabei führen bei der geschäftlichen Sicht Web Services klar abgrenzbare, standardisierte Aufgaben aus Prozessen aus. Im zweiten Fall, der technischen Sicht, beschreiben Web Services den Aufruf von Anwendungen über standardisierte Schnittstellen.[28] Das Marktsegment für Web Services stellt der EAI- und B2B- Markt dar, da die Integration von Systemen auch über Unternehmensgrenzen hinweg immer mehr in den Vordergrund rückt.[29]

---

[27] Booth et al., 2003, o.S.
[28] Vgl. Heutschi et al., 2004, S. 134
[29] Vgl. Alonso et al., 2004, S. 114

3.4.2 Kernelemente und Protokolle

Da Web Services die Implementierung einer SOA darstellen, basieren diese ebenfalls auf den drei Kernelementen Consumer, Provider und Directory mit den entsprechenden Aktivitäten wie Publizieren des Service beim Verzeichnis durch den Provider, Anfrage bei dem Verzeichnis durch den Consumer sowie die Kommunikation zwischen Consumer und Provider, welche folgende Abbildung unter Verwendung der entsprechenden Standards aufzeigt.

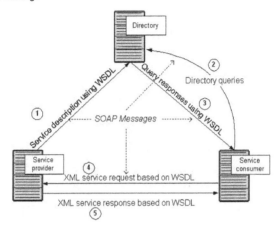

Quelle: Barry, 2003, S. 23

Abb. 9: Umsetzung einer SOA mit Web Services

Im folgendem wird kurz auf die verwendeten Standards eingegangen. Auf eine tiefgründigere Auseinandersetzung mit diesem Thema wird, aufgrund des begrenzten Rahmens dieser Arbeit, verzichtet.

XML

„XML (Abkürzung von engl. extensible markup language) ist eine Metasprache für die Definition von anwendungsspezifischen Auszeichnungssprachen. [...] XML beschreibt eine Klasse von Datenelementen, die XML-Dokumente („im Original kursiv") genannt werden"[30]

SOAP

Das Simple Object Access Protocol (SOAP) dient als Protokoll zum Nachrichtenaustausch und kann dabei standardmäßig über TCP/IP und HTTP übertragen werden. Außerdem ist SOAP ein einfaches Protokoll, welches die Grundfunktionalitäten zur

---

[30] Hansen/ Neumann, 2001, S. 1043

Kommunikation und zum Datenaustausch bereitstellt. Die Strukturierung der Nachrichten erfolgt in XML und soll einfach, flexibel und erweiterbar sein.[31]

WSDL

„Die Web Service Description Language (WSDL) ist eine XML-basierte Sprache zur Beschreibung von Web-Services."[32] Dabei werden nicht die Services selbst, sondern deren Schnittstellen beschrieben. Zur Kommunikation zwischen zwei Teilnehmern besteht ein WSDL-Dokument aus einem XML beschriebenen Schema, das eine Grammatik zur Beschreibung von Verträgen enthält. Erst durch diese Verträge wird der Aufruf der Services in verteilten Systemen ermöglicht.[33]

UDDI

Das Universal Description, Discovery and Integration (UDDI) stellt einen palttformunabhängigen Standard zur Beschreibung von Web Services, zum Finden von Providern und zum Einbinden von Web Services in andere dar. UDDI ist ebenfalls in XML spezifiziert.[34]

Aktivitäten

Zu aller erst beschreibt der Provider, unter der Verwendung von WSDL, seinen angebotenen Service. Diese Beschreibung wird anschließend mittels einer SOAP Nachricht an das auf UDDI basierende Verzeichnis verschickt und dort veröffentlicht. Danach kann ein Consumer SOAP basierte Anfragen nach einem Service an das Verzeichnis stellen, um Informationen über den Provider, wie die genaue Adresse sowie die Art der Kommunikation zu erlangen. Daraufhin erhält der Consumer die entsprechende Antwort vom Verzeichnis. Nun ist es dem Consumer möglich, den richtigen Provider anzuschreiben und die Nutzung des Service zu verlangen.[35] Der Provider antwortet dem Consumer und stellt seinen Service zur Verfügung. Da die Umsetzung dieser Web Services an kein entsprechendes Protokoll gebunden ist, herrscht immer noch rege Diskussion über die Verwendung entsprechender Standards, wie Abbildung 10 aus der Computer Zeitung aufzeigt. Dabei ist man sich bis jetzt nur über die Basics, wie SOAP, WSDL und UDDI einig. Weitere Standards werden u.a. von der Webservice-Interoperability-Organisation (WS-I), welche von Unternehmen wie Bea, IBM, Microsoft sowie Sun getragen wird, und anderen Organisationen diskutiert. Damit entwickelt sich die WS-I zu einer Art Dachorganisation für Normen im Umfeld der Web Services.[36] Momentan wurden gerade die ersten Standards für das Geschäftsprozessmanagement

[31] Vgl. Dustdar/ Gall / Hauswirth, 2003, S.116 f.
[32] Dustdar/ Gall/ Hauswirth, 2003, S. 120
[33] Vgl. Dustdar/ Gall/ Hauswirth, 2003, S. 120 f.
[34] Vgl. Dustdar/ Gall/ Hauswirth, 2003, S. 125
[35] Vgl. Barry, 2003, S. 22 f.
[36] Vgl. Reiter, 2003, S. 13

beim Standardisierungsgremium OASIS eingereicht. Wobei der Standard Business Process Execution Language (BPEL) der WS-I stark mit dem Standard Web Services Choreography Interface (WSCI) von dem World Wide Web Consortium und der Business Process Modeling Language (BPML) konkurriert.[37]

Quelle: Sun Microsystems, 2004, S. 19

Abb. 10: Diskutierte und verabschiedete Web Service Standards

3.5 Nutzen und Probleme

Der Einsatz einer SOA bringt den Unternehmen verschiedene Nutzenpotentiale. Aufgrund der Wiederverwendung von Services und die Abbildung neuer Geschäftsprozesse durch das Zusammenfügen verschiedener Services wird die Time-To-Market, sowie die Kosten wesentlich reduziert. Dadurch kann schnell auf diverse Marktänderungen reagiert werden. Durch die Wiederverwendung kann die Entwicklungs- sowie Testzeit verringert werden, die durch das Einführen neuer Services entstehen würde. Außerdem ermöglicht die Protokoll- und Plattformunabhängigkeit einer SOA Informationen als Antwort einer Anfrage an jegliche Art von Benutzern und Anwendungen weiterzugegeben und unterstützt somit auch die Wiederverwendung angebotener Services. Die Wiederverwendung, wie bereits oben beschrieben, trägt auch zu einem weiteren wichtigen Aspekt der SOA, der Kostenreduzierung, bei. Kosteneinsparungen ergeben sich auch bei der Einbindung von Legacysystemen. Da sich die SOA noch lange nicht in ihrem unter 3.3.2 aufgezeigten Endstadium befindet, werden in naher Zukunft weiterhin monolithische Legacysysteme ihre Funktionalitäten über einen Adapter als Services anbieten. Dadurch müssen bei einer Umstellung auf eine SOA nicht alle momentanen

---

[37] Vgl. Leuschner/ Koll, 2004, S. 18

Systeme verworfen und durch neue Serviceorientierte ersetzt werden. Der Einsatz von akzeptierten Standards trägt zur Investitionssicherheit und letztendlich auch zur Kostenreduzierung bei. Ein weiterer wichtiger Nutzen, der aus der Verwendung einer SOA entsteht, ist die kontinuierliche Weiterentwicklung der Code-Basis, welche durch das Verstecken der Implementierungsdetails mittels der Serviceschicht vor dem Service Consumer ermöglicht wird. Dieses Verstecken ermöglicht Weiterentwicklungen ohne das Auswirkungen für den Cosumer entstehen.[38] Damit wird das Einspielen von Upgrades und somit die technologische Innovation erleichtert. Lose Kopplung, Verteilung und Verwendung akzeptierter Standards tragen wesentlich zur Interoperabilität der Systeme bei. Dies wiederum verhilft zur Verbesserung der Integration von Geschäftspartnern und somit zur Erhöhung der Flexibilität eines Unternehmens. Diese Integrationsmöglichkeit und Flexibilität ermöglicht die Konzentration auf Kernkompetenzen, da es mit dem Einsatz einer SOA leichter wird, entsprechende Funktionalitäten von externen Anbietern über Services zu integrieren. Die einfachere Wartung einer solchen Architektur und die Möglichkeit der kostengünstigeren Beschaffung eines Services von einem externen Anbieter, tragen wesentlich zu einer Reduzierung der Total Cost of Ownership bei.[39] Durch die Prozessorientierung einer SOA, welche durch die Kombination verschiedener Services und den daraus entstehenden Anwendungen realisiert wird, trägt eine SOA bei einer bereits prozessorientierten Organisation zur Unterstützung der Prozesse bei und ermöglicht eine unternehmensweite Prozessintegration. Außerdem kommt es zu einer Verbesserung der Informationslogistik, da unterstützte Geschäftsprozesse durch eine zentrale Stelle, der Geschäftslogikschicht, vorgehalten werden.[40] Ein weiterer Nutzen der entsteht, ist die höhere Effizienz bei Entwicklern, da diese sich nur auf das Erstellen von Services und nicht mehr auf das Erstellen von kompletten Anwendungen konzentrieren müssen. Des weiteren können bei der Entwicklung durch die Plattformunabhängigkeit, Restriktionen mit Hardware und anderer Software vermieden werden.

Da das Konzept der SOA von niemanden bis zum Ende durchdacht worden ist, birgt der Einsatz einer SOA neben den Vorteilen ebenfalls Probleme.[41] Zum einen sind bei der Umsetzung einer SOA mit Web Services bis jetzt nur die grundlegenden Standards wie SOAP, WSDL und UDDI spezifiziert. Bei weiterführenden Standards wie u.a. BPML herrscht wenig Einigkeit. Zum anderen entstehen durch die gemeinsame Nutzung der Services verschiedener Unternehmen über das Web Anforderungen, wie Zugriffskontrolle, Integrität und Sicherheit, die noch nicht klar spezifiziert sind.[42] Beim

---

[38] Vgl. Riverton LLC, 2003, S. 2
[39] Vgl. Alt et al., 2004, S. 51
[40] Vgl. Hofmann, 2003, S. 29
[41] Vgl. Bayer/ Niemann, 2004, o.S., zitiert nach Nils Niehörster
[42] Vgl. Issing, 2004, S. 19

Nachrichtenaustausch mit SOAP, welcher kaum Sicherheitsfunktionalitäten bietet, ist es einem Angreifer möglich, ohne Berechtigung Methoden aufzurufen, sowie Parameter zu verändern.[43] Vertrauen und Autonomie stellt ein weiteres Problem bei der Integration verschiedener Unternehmen dar, da bei dem Einsatz von Web Services eine zentrale Instanz zur Verwaltung der angebotenen Services, also das Verzeichnis, geschaffen werden muss und somit jedes Unternehmen einen Teil seiner Prozesse durch Veröffentlichen seiner Services offenbart. Außerdem ist bei dieser zentralen Instanz eine hohe Verfügbarkeit wichtig. Ein weiterer Aspekt ist die richtige Größe eines Services sowie die Frage, welche Funktionen ein Service enthalten soll. Durch die Verteilung der Services über ein Netzwerk hinweg entstehen Anforderungen, die ein Netzwerk Monitoring erfordern. Dies soll es z.b. ermöglichen, herauszufinden wo und warum eine Transaktion unterbrochen wurde oder wo jemand versucht hat Schaden anzurichten.[44] Der Einsatz einer SOA bringt, wie oben beschrieben, in vielen Punkten Kosteneinsparungen, jedoch entstehen beim Aufbau einer SOA auch Kosten u.a. für das Re-Engineering bestehender Systeme sowie durch das Humankapital, welches zum Aufbau benötigt wird.[45] Des weiteren bringt die Verwendung von XML nicht nur Vor- sondern auch Nachteile mit sich. Durch die Verwendung von Tags und deren Wiederholung steigt das Volumen einer auf XML-basierten Nachricht und führt zu Performanceverlusten.

In naher Zukunft werden sich sicherlich die verschiedenen Standardisierungsgremien auf entsprechende Standards einigen können und somit überwiegt, trotz einiger Probleme, eindeutig der Nutzen einer SOA. Zwar wird in nächster Zeit nicht die unter 3.2 geschilderte Vision realisiert werden können, jedoch bringt der richtige Einsatz einer SOA den Unternehmen vielfältige Vorteile. Da ein Vorteil einer SOA, die ermöglichte Integration zwischen internen sowie externen Systemen ist, wird im folgendem Kapitel die Bedeutung einer SOA hinsichtlich dieser Integration aufgezeigt.

---

[43] Vgl. Jürjens/ Graser, 2004, S.14
[44] Vgl. Datz, 2004, o.S.
[45] Vgl. Datz, 2004, o.S.

4 Integration

4.1 Allgemein

Laut Brockhaus versteht man unter Integration das Herstellen einer Einheit bzw. die Eingliederung in ein größeres Ganzes.[46]

Im Hinblick auf die Zusammenführung von Systemen gibt es zwei wichtige Arten der Integration. Einerseits die Integration, die sich mit internen Systemen beschäftigt und andererseits die Integration, die versucht, Systeme außerhalb der Reichweite des eigenen Unternehmens zu integrieren. Letztere wird auch als Business-to-Business (B2B) oder auch Business-to-Customer (B2C) Integration bezeichnet. Da sich Geschäftsprozesse über einen größeren Teil des Unternehmens erstrecken, wird durch die interne Integration versucht, Daten sowie Funktionalitäten verschiedener Systeme zu vereinen. Unternehmensübergreifende Geschäftsprozesse erfordern jedoch eine überbetriebliche Integration, welche versucht eine Einheit der unterstützenden Informationssysteme der Unternehmen zu bilden. In der Vergangenheit war die Integration aufgrund des Mangels an Standards sehr komplex, zeitaufwendig und kostenintensiv.[47] Dabei können Systeme auf verschiedenen Ebenen u.a. auf Daten-, auf Prozess- oder auch Präsentationsebene integriert werden. Das Einfügen einer durchgängigen Integrationsschicht bietet den Vorteil der Reduzierung der Komplexität von heterogenen Systemen. Somit wird eine transparente Integration möglich.[48]

Web Services handeln hauptsächlich über die Verwendung von Services sowie um deren Verbindungen untereinander. Durch lose Kopplung, Plattformunabhängigkeit sowie Nutzung von Standards leisten Web Services und somit auch die SOA einen wesentlich Beitrag für die inner- und überbetriebliche Integration. Des weiteren wird dies durch die Verwendung von HTTP als Transportprotokoll unterstützt. Somit können Funktionalitäten, die durch Services angeboten werden, von Applikationen der Geschäftspartner genutzt werden.

4.2 Enterprise Integration

Die interne Integration realisiert die Kommunikation und den Datenaustausch verschiedener firmeninterner Systeme, welche meist auf verschiedenen Architekturen und Programmiersprachen basieren. Früher wurde oft versucht, diese Integration durch Erstellen spezifischer Schnittstellen zu realisieren, was aber mit hohem Aufwand verbunden war. Neuere Integrationstechniken basieren daher auf lose gekoppelten Architekturen

---

[46] Bibliographisches Institut & F.A. Brockhaus AG, 1999, o.S.
[47] Vgl. Quantz/ Wichmann, 2003, S. 16 ff.
[48] Vgl. Alt et al., 2004, S. 46

sowie Nachrichten-basierten Protokollen. Des weiteren unterscheidet man die interne Integration in Application-to-Application (A2A) Integration und in Enterprise Application Integration (EAI).[49] Erst genannte stellt dabei die direkte Verknüpfung zweier Anwendungen dar, was die Anzahl der Integrationsbeziehungen bei steigender Anzahl von Anwendungen enorm steigen lässt. Die EAI, also die unternehmensweite Verbindung von Anwendungen, bietet für die Integration eine Infrastruktur, die sogenannte Middleware. Bei der EAI werden nun alle Anwendungen nicht mehr direkt miteinander, sondern nur durch die Middleware verbunden, was die Zahl der Verbindungen auf die Anzahl der Anwendungen reduziert. Dabei verfolgt eine EAI- Lösung zwei Hauptziele. Zum einen sollen durch die Bildung von wiederwendbaren Komponenten aus Anwendungen Geschäftsprozesse modular zusammengestellt und somit schnell verändert werden können. Damit ist die Prozessintegration möglich. Zum anderen soll die Komplexität und Anzahl von Schnittstellen verringert werden, was sich somit auf die technische Integration bezieht.[50] Für die Umsetzung der Middleware selbst, existieren mehrere Konzepte, die je nach Integrationsaufgabe gewählt werden. Häufig wird zwischen folgenden Arten unterschieden. Zum einen die Remote Procedure Calls (RPC), welche auf den synchronen Aufruf von Funktionen bei einer entfernten Anwendung beruhen. Zum anderen gibt es die Message- orientierte Middleware (MOM), welche die asynchrone Kommunikation durch Nachrichten zwischen Anwendungen verwendet. Weiterhin gibt es Middleware, welche auf verteilten Objekten basiert. Darunter fallen u.a. Middleware-Konzepte wie CORBA und DCOM. Eine weitere Möglichkeit für die Umsetzung einer Middleware stellt die Transaktionsorientierte Middleware dar, welche den Schwerpunkt auf die Anwendungslogik sowie Transaktionen legen. Beispiele hierfür sind der Application Server sowie TP-Monitore. Bis jetzt waren die aufgeführten Beispiele nur eingeschränkt erfolgreich bei der Lösung verschiedener Probleme, die mit der Integration auftraten. Web Services in Verbindung mit SOA stellen sich nun den Herausforderungen der Integration als eine neue Möglichkeit der Umsetzung einer Middleware.

Durch SOA ist es nun möglich, die Funktionen interner Systeme, sowie Insellösungen und Legacysysteme, in Services zu verpacken, was mit sogenannten Wrappern[51] geschieht. Des weiteren wird zukünftig von Applikationen erwartet, dass sie die von ihnen erbrachten Dienste auch als Services anbieten.[52] Dazu sind standardisierte Technologien nötig, welche die Heterogenität der Systeme verringern. Diese standardisierten Technologien werden bei Web Services mit der Verwendung von SOAP, WSDL, UDDI

---

[49] Vgl. im Folgendem Quantz/ Wichmann, 2003, S. 16 ff.
[50] Vgl. Dangelmaier et al., 2002, S. 61
[51] Wrapper= „encapsulate one or more applications by providing a unique interface and a Web access"
            Alonso et al., 2004, S. 134
[52] Vgl. Hofmann, 2003, S. 28

und XML geboten und bringen außerdem aufgrund ihrer Offenheit einen Kostenvorteil. Durch die Reduzierung der Komplexität und durch die lose Kopplung der Services, wird die Integration wesentlich vereinfacht. Sämtliche Implementierungsdetails einer Anwendung werden durch Einfügen eines Service-Layers versteckt, welcher den standardisierten Zugriff auf angebotene Services ermöglicht. Dadurch ist es nun möglich, dass alle im Unternehmen befindlichen Applikationen, Dienste austauschen und letztendlich auch von Clients genutzt werden. Die Performance dieser Art von Integration ist abhängig von dem Umfang der vom Service angebotenen Funktionalität. Dabei ist der Verwaltungsoverhead für die Kommunikation bei funktionsarmen Diensten im Vergleich zu funktionsreichen Diensten wesentlich größer im Bezug auf die gesamte Ausführungszeit.[53] Diese Integrationsform wird dabei in naher Zukunft weiterhin, wie oben beschrieben, das Kapseln von Funktionalität von Altanwendungen in Services beinhalten. Durch die Kombination verschiedener Services zu Composite Applications ist es außerdem möglich Geschäftsprozesse abzubilden. Somit ist mit der Verwendung von Web Services nicht nur die technische Integration verschiedener Anwendungen, sondern auch die Integration der Prozesse möglich.

4.3 Cross-Enterprise-Integration (B2B & B2C)

Aufgrund wachsender Globalisierung der Märkte, Mergers & Acquisitions sowie Steigerung der Produktivität, um ein paar Gründe zu nennen, ist es für ein Unternehmen immer wichtiger mit seinen Geschäftspartnern, wie Kunden und Lieferanten, zu interagieren. Im Vordergrund dieser Integrationsform steht dabei die Integration von Systemen zweier oder mehrerer Unternehmen. Verfolgt man in der unternehmensweiten Verbindung der Systeme eher eine enge Integration, will man bei B2B und auch B2C, aufgrund von Sicherheitsfragen und Vertrauen, die Systeme nur lose gekoppelt verbinden.[54] Im Vordergrund steht hierbei jedoch die Automatisierung von unternehmensübergreifenden Prozessen im Hinblick auf Kostenreduzierung und Leistungsfähigkeit. Aufgrund fehlenden Vertrauens und der Beibehaltung der Autonomie einzelner Unternehmen, fehlte bislang jedoch eine zentrale Instanz für die Middleware. Somit wurden für die überbetriebliche Integration in der Vergangenheit Point-to-Point-Konzepte, wie Electronic Data Interchange (EDI) entwickelt, welche aber aufgrund fehlender Standards, ihrer Komplexität und hohen Kosten meist nur großen Unternehmen vorbehalten waren. Durch das Aufkommen des Internets führten Bemühungen zur Standardisierung für Kommunikationsprotokolle wie HTTP sowie Datenformate wie XML zur Kostenreduzierung und machen nun den Weg für Web Services und deren Nutzung für kleinere Unternehmen frei. Somit können Unternehmen durch Kapselung ihrer Funktionalitäten

---

[53] Vgl. Alonso et al., 2004, S. 141 ff.
[54] Vgl. Quantz/ Wichmann, 2003, S.18

ihrer Systeme in Services und durch das Angebot dieser über einen Service-Layer be-
ginnen, eine externe Integration mit anderen Unternehmen aufzubauen. Zunächst läuft
die Integration nur über das User Interface ab. Erst später ist eine direkte Kopplung der
Serviceschichten der Systeme geplant. Durch Verwendung von anerkannten Standards, die lose Kopplung sowie deren breite Akzeptanz wird diese Vision immer mehr
Realität. Bei der Anwendung von Web Services für überbetriebliche Integration, kommt
wieder das alte Problem des Vertrauens zu tragen, da ein Verzeichnis mit den enthal-
tenen Beschreibungen der Services für alle teilnehmenden Partner zugänglich sein
muss. Ist dieses Problem gelöst und haben Provider bereits Beschreibungen im Verzeichnis abgelegt, kann der Consumer dort nach einem Service anfragen. Durch die
erhaltenen Informationen, wo sich der Provider befindet und wie der Service aufgeru-
fen werden kann, interagieren der Consumer und der Provider über den internen Service-Layer, welcher zugleich eine Umsetzung einer Middleware bedeutet. Durch die
Verwendung von HTTP als primäres Transferprotokoll ist diese Technik der Web Services, im Gegensatz zu CORBA und anderen Middleware Technologien, Firewall
freundlich und kann somit einfach eingesetzt werden. Des weiteren nutzen Web Services keine Binärprotokolle, wie u.a. CORBA, bei denen ein Bitfehler eine fehlerhafte
Kommunikation bewirkt. Ein Beispiel für funktionierende Integration zwischen Unternehmen stellen derzeit B2B-Marktplätze dar. Folgende Abbildung zeigt die Umsetzung
einer Cross-Enterprise-Integration mittels Web Services.

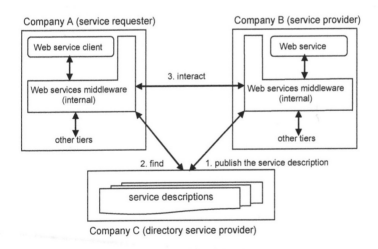

Quelle: Alonso et al., 2004, S. 146

Abb. 11: Cross-Enterprise-Integration mit Web Services

Werden die momentanen Probleme gelöst, stellt eine SOA in Verbindung mit Web Services eine Möglichkeit zu einer einfacheren und schnelleren Integration mit Geschäftspartnern dar. Dadurch wird es den Unternehmen ermöglicht ihre unternehmensübergreifenden Geschäftprozesse abzubilden und sich bestens in der Liefer- und Wertschöpfungskette zu platzieren. Die sich daraus ergebenden Vorteile tragen wesentlich zu einer steigenden Wettbewerbsfähigkeit bei.

5 Auswirkung auf betriebswirtschaftliche SSW

5.1 Web Services als Enabler für ERP II

Durch die Globalisierung der Märkte und die Wandlung vom Verkäufer- zum Käufermarkt standen die Unternehmen Anfang der 90er vor der Herausforderung ihre geschäftlichen Funktionsbereiche mittels ERP-Systemen abzubilden. In den darauffolgenden Jahren haben sich Unternehmen von vertikal integrierten Organisationen mit dem Fokus auf der Optimierung innerer Unternehmensfunktionen zu Kernkompetenzbasierenden Unternehmen, welche bewusst versuchen, sich optimal in die Liefer- sowie Wertschöpfungskette zu platzieren, gewandelt[55]. Durch das Aufkommen des Internets, Ende der 90er, wurde zunehmend versucht, zum einen alle Aktivitäten mit Lieferanten und zum anderen alle Aktivitäten mit den Kunden, in ein umfassendes Informationssystem zu integrieren. In den letzten Jahren haben somit zahlreiche Unternehmen versucht, zusätzlich zu ihrem ERP-System, welches vorrangig Funktionalitäten wie Logistik, Personal und Finanzen abbildete, Funktionalitäten wie Customer Relationship Management (CRM), Supply Chain Management (SCM) und Supplier Relationship Management (SRM) zu integrieren, um die Interaktion mit den Geschäftpartnern zu verbessern und somit einen Vorteil gegenüber ihren Konkurrenten zu erlangen. Dies erfolgte meist durch zusätzliche eigenständige Applikationen, was vielfach Integrationsschwierigkeiten zwischen bereits existierenden und neuen Systemen ergab. All diese Gegebenheiten der letzten Jahre erfordern eine Umplanung bzw. ein Redesign bestehender ERP-Systeme, welches zur Entwicklung von sogenannten ERP II Systemen, welche u.a. zusätzlich e-Business Funktionalitäten beinhalten, führt. Dabei werden diese nach Gartner, wie folgt definiert: „a business strategy and a set of industry-domain-specific applications that build customer and shareholder value by enabling and optimizing enterprise and interenterprise, collaborative operational and financial processes"[56]. Diese nun unternehmensübergreifende Zusammenarbeit der Unternehmen mit Hilfe ihrer ERP II Systeme erfordert einen hohen Grad an unternehmensübergreifender Integration, welche durch neue webbasierte Integrationsarchitekturen erreicht werden kann.[57] Diese Integration kann dabei nur erreicht werden, wenn dabei anerkannte Standards eingesetzt werden. Web Services bieten genau diese Standards sowie lose Kopplung, Prozessorientierung und die Möglichkeit der Verteilung über ein Netz. Durch das Anbieten von Funktionalitäten sowie Prozessen durch Services über eine Serviceschicht wird eine einfache und flexible Integration zwischen den Geschäftsabläufen verschiedener Unternehmen ermöglicht. Somit trägt die Serviceorien-

---

[55] Vgl. Bond et al., 2000, o.S.
[56] Bond et al., 2000, o.S.
[57] Vgl. Bond et al., 2000, o.S.

tierung, speziell der Einsatz von Web Services, zur Weiterentwicklung von ERP- zu ERP II Systemen und deren Einsatz bei. Dieser Ansicht ist auch Bhavish Sood in seinem Artikel, in dem er folgendes schreibt: „integration technologies such as Web Services are the ones that will pave the way for adoption of ERP II"[58]. Abschließend ist noch anzumerken, dass dieser Übergang zu ERP II nicht durch einen Big-Bang erreicht wird, sondern durch ständiges Weiterentwickeln der Software in Form von zahlreichen Upgrades und damit der Umbau der jetzigen Architektur auf eine Serviceorientierte, langsam vonstatten gehen wird.

5.2 Einführung einer SOA am Beispiel der SAP

Die SAP verfolgt in den letzten Monaten ebenfalls eine Strategie zur Umsetzung einer SOA mittels Web Services und somit die Überführung ihrer Produkte von der Client-Server- in die Web-Service-Ära. Dazu wurde eigens ein Projektteam namens Vienna mit ca. 600 Mitgliedern gegründet.[59] Das Ziel dieses Projektes ist es Architekturrichtlinien für die Einführung einer SOA namens Enterprise Services Architecture (ESA) zu erarbeiten.[60] Nach Hasso Plattner ist eine ESA „ an application of service-oriented architecture and sound principles of object-oriented design applied to the current heterogeneous world of IT architecture"[61]. Der Kern einer ESA ist eine Schicht von Komponenten, welche Daten sowie Funktionalitäten von Anwendungen zu nützlichen und wiederverwendbaren Modulen verschmelzt.[62] Die Herausforderung ist dabei, dass standardisierte Komponenten zusammen arbeiten. Dies beinhaltet nach Woods das Aufbrechen existierender monolithischer Anwendungen. Dabei sollen die entstehenden Teile noch genügend Funktionalität enthalten, um einen Beitrag für das Gesamtsystem leisten zu können. Diese Komponenten bestehen aus einem Service-Interface und aus einer Service-Implementierung. Die Services, welche durch das Interface beschrieben sind, können von anderen Komponenten genutzt werden. Durch Verbergen der Komplexität der Service Implementierung durch das Service-Interface wird lose Kopplung und die Wiederverwendung vereinfacht. Des weiteren kommunizieren die Komponenten durch die Verwendung von Services untereinander und ermöglichen somit eine Verbindung verschiedener Services. Durch die Kombination von Services und deren angebotene Funktionalität vorhandener Anwendungen entstehen neue Anwendungen, sogenannte Composite Applications, welche neue, funktionsübergreifende Geschäftsprozesse ermöglichen.[63] Unter Services werden dabei nicht einfache Web Services, sondern erweiterte Enterprise Services verstanden, welche wie folgt definiert sind: "an

[58] Sood, 2002, o.S.
[59] Vgl. Bayer/ Niemann, 2004, o.S.
[60] Vgl. Thole, 2004, S.9
[61] Plattner, 2003, S. X
[62] Vgl. im Folgendem Woods, 2003, S. 2 ff.
[63] Vgl. Mattern, 2003, S. 39

enterprise service may be an aggregation of a set of web services that perform a common function"[64]. Kurz zusammengefasst werden in einer ESA existierende Systeme in kleine Komponenten zerlegt, welche durch Services einen bestimmten Umfang an Funktionalitäten bereitstellen. Diese Komponenten befinden sich wiederum in einer Schicht, der sogenannten ESA-Plattform. Durch Kombination können die Komponenten schließlich zu zusammengesetzten Anwendungen verbunden werden. Eine ESA stellt somit nicht die endgültige Umsetzung einer SOA dar, da in naher Zukunft weiterhin Altsysteme integriert werden.

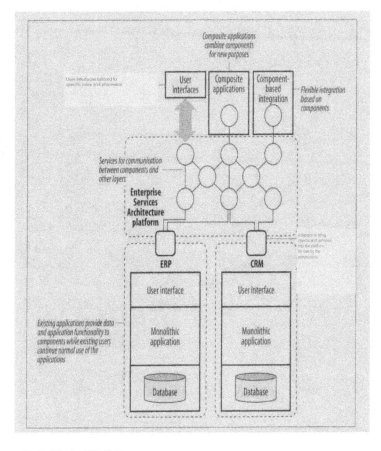

Quelle: Woods, 2003, S. 23

Abb. 12: Enterprise Services Architecture

---

[64] Woods, 2003, S. 30

Die Entwicklung von den Client-Server basierenden R/3 Systemen hin zu auf ESA basierende Systeme verläuft dabei in mehreren Schritten. Zuerst erfolgt der Übergang
von SAP R/3 4.6C zu SAP Enterprise, in dem ein Core-System definiert wird. Den Kern
für dieses Core-System bildet dabei das Release 4.7. Dieser Kern soll somit die Grund-
lage für Weiterentwicklungen bilden. Diese Weiterentwicklungen erfolgen dabei über
Extension Sets, sodass der Kern unverändert bleibt und die strenge Kopplung zwischen Anwendung und Basis aufgehoben wird. Somit sind getrennte Release-Zyklen
möglich. Die technische Basis für dieses Konzept bilden nicht mehr die Basis Compo-
nents, sondern der Web Application Server (WebAS). Der Übergang von R/3 4.6C zu
R/3 Enterprise und somit eine teilweise Zerlegung in Komponenten, ist der erste Schritt
zu einer ESA.[65] Die Standardwartung von R/3 Enterprise endet jedoch bereits im ersten Quartal 2009.[66] Der nächste Schritt besteht darin, von der R/3 Struktur in eine my-
SAP Struktur zu wechseln.

Den Kern dieser Struktur bildet weiterhin R/3 Enterprise. „Technisch gesehen ist das
neue ERP-Produkt eine Kopplung von Teilen aus bestehenden Mysap-Produkten, der
Infrastrukturplattform Netweaver und R/3 Enterprise."[67] Somit bildet nun der Netweaver
die technologische Basis für mySAP ERP. Diese Integrationsplattform beinhaltet alle
Funktionalitäten, um Lösungen entsprechend einer ESA zu entwickeln, zu integrieren
und zu betreiben.[68] Durch die angebotene SAP Exchange Infrastructure bietet der
Netweaver zum einen den Integration Broker, welcher die SOAP-basierte Kommunikation sowie die Definition von Software-Komponenten ermöglicht und zum anderen das
Business Process Management, welches die Kombination von Applikationen zu adap-
tiven Prozessen erlaubt.

Das im Netweaver enthaltene Master Data Management ermöglicht eine systemüber-
greifende Datenkonsistenz durch systemweites Zusammenführen und Harmonisieren
von Stammdaten. Netweaver beinhaltet außerdem das Composite Application Frame-
work, welches das Bilden von Composite Applications ermöglicht.[69] Bei SAP werden
diese Composite Applications als xApps bezeichnet, bieten aber ebenfalls entsprechende Funktionalitäten an. Alle beinhalteten Komponenten basieren auf dem WebAS.[70] Dieser unterstützt Web Services und implementiert alle wichtigen Standards wie
XML, SOAP, WSDL und UDDI.[71]

---

[65] Vgl. Bayer/ Niemann, 2004, o.S.
[66] Vgl. Niemann, 2004, S. 6
[67] Niemann, 2004, S. 6
[68] Vgl. im Folgendem SAP, 2004, o.S.
[69] Vgl. Graf, 2003, S. 5
[70] Vgl. Graf, 2003, S. 5
[71] Vgl. Wachter, 2003, S. 35

Damit sind Anforderungen, wie die Unterstützung der geforderten Standards, das Einfügen einer neuen Serviceschicht sowie die Möglichkeit der Composite Applications gegeben und ermöglichen somit die Umsetzung einer SOA. „ SAP NetWeaver ermöglichen die Umsetzung der Enterprise Services Architecture und eine einfache Integration in bestehende Systemlandschaften, auch über Unternehmensgrenzen hinweg."[72] Die Anwendungskomponentenstruktur bei mySAP ERP bleibt erhalten.

Jedoch sind nun auch Veränderungen im Core-System möglich, welches auf der ERP Central Component 5.0 (ECC 5.0) basiert. Erst durch diese Struktur ist eine ESA realisierbar. Nebenstehende Abbildung verdeutlicht die Entwicklung und den Einsatz entsprechender Technologien bei SAP.

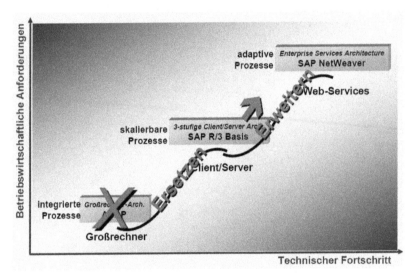

Quelle: Schamberger, 2002, S. 4

Abb. 13: Technologieentwicklung bei SAP

---

[72] Mattern, 2003, S. 39

6 Fazit

6.1 Paradigma

Um klären zu können, ob es sich bei der SOA um ein neues Paradigma für die Entwicklung von SSW handelt, muss zunächst der Begriff Paradigma geklärt werden. Ein Paradigma ist dabei:

> „ein von T.S. Kuhn eingeführter Begriff, der die Gesamtheit aller eine wissenschaftliche Disziplin in einem Zeitabschnitt beherrschenden Grundauffassungen [...] bezeichnet und somit festlegt, was als wissenschaftlich befriedigende Lösung angesehen werden kann. Nach einer These Kuhns lassen sich in der Wissenschaftsgeschichte wissenschaftliche Revolutionen im Sinne von Paradigmenwechseln definieren"[73].

Die wissenschaftliche Entwicklung nach Kuhn verläuft in verschiedenen Phasen. Dabei besteht unter den Forschern in der vorparadigmatischen Phase noch kein Konsens bezüglich der Grundlagen des Faches. In der nächsten Phase wird ein Paradigma vorbildhaft. Des weiteren tauchen bereits Anomalien auf, welche mit dem geltenden Paradigma nicht gelöst werden können. Dadurch kommt es zu einer wissenschaftlichen Revolution bei der das neue Paradigma an die Stelle des alten tritt. Somit ist ein Paradigmenwechsel eine weitreichende Veränderung des bisherigen Denkens über Annahmen, welche sich international durchgesetzt haben.[74]

Die Frage, ob es sich bei der SOA um ein neues Paradigma für die Entwicklung von SSW handelt, kann dabei nicht eindeutig mit ja oder nein beantwortet werden. Zum einen ist eine SOA ein Paradigma, da durch eine SOA das Problem der Integration über Unternehmensgrenzen hinweg gelöst werden kann. Dabei ist die Art der Lösung dieses Problems, durch Verwendung von lose gekoppelten Services über standardisierte Schnittstellen, paradigmatisch. Mit dem alten Paradigma der strikten Einhaltung von Client-Server-Lösungen in einem Unternehmen konnte dieses Problem nicht ausreichend gelöst werden. Andererseits, wenn man das Konzept des Client-Servers mit dem der SOA vergleicht, stößt man schnell auf Gemeinsamkeiten, da bei beiden versucht wird u.a. die Komplexität der Software durch Trennung in diverse Schichten zu reduzieren. Somit ist der Schritt von Client-Server zu SOA im Gegensatz von Mainframe zu Client-Server keineswegs revolutionär, sondern eher eine evolutionäre Weiterentwicklung dieses Konzeptes durch Einfügen einer zusätzlichen Schicht.

Des weiteren geht es in Zukunft nicht mehr darum neue Anwendungen zu entwickeln, sondern eher Bestehende besser zu integrieren. Dabei stehen nicht mehr die Daten, sondern Dienste, also Services, im Mittelpunkt. Diese generelle Anschauung, also das serviceorientierte Denken ist zwar ebenfalls nicht neu, ist aber im Vergleich zu Vergan-

---

[73] Bibliographisches Institut & F.A. Brockhaus AG, 1999, o.S.
[74] Vgl. Kästle, 2003, S. 20-2 f.

genen schon eine gewisse revolutionäre Änderung. So ändert die SOA die Philosophie wie Anwendungen erstellt werden. In einer SOA stehen nur noch handliche Einzelanwendungen für die Unterstützung von Geschäftsprozessen und nicht mehr monolithische Anwendungen im Vordergrund.

Für die Entwicklung von SSW bedeutet dies nun, dass vorhandene Systeme langfristig von dem Client-Server Prinzip auf eine SOA umgebaut werden und somit ihre Funktionalitäten mittels Services entweder intern oder auch extern anbieten. Da weiterhin, wie auch bei SAP, Legacyanwendungen über Adapter ihre Funktionalitäten als Services anbieten können, werden diese Anwendungen nicht sofort ersetzt. Dennoch wird in einem absehbaren Zeitraum SSW auf Basis einer SOA umgesetzt werden. Im Rahmen der SAP Produkte sieht es zwar im ersten Moment nach einer Revolution und somit nach einem Paradigmenwechsel aus, da sukzessive versucht wird die Service-Orientierung mit „neuen" Produkten zu realisieren, aber technisch gesehen wird dies teilweise mit bereits vorhanden Produkten realisiert.

Also bleibt letztendlich festzuhalten, dass es sich technisch bei der SOA nur um eine evolutionäre Weiterentwicklung des Client-Server Prinzips durch Einfügen einer neuen Schicht handelt, jedoch die generelle Anschauung des serviceorientierten Denkens z.B. über die Anwendungsintegration einen Paradigmenwechsel darstellt und somit zur Entwicklung der SSW in Richtung ERP II wesentlich beiträgt.

6.2 Ausblick

Eine SOA muss zwar nicht zwangsläufig mit Web Services umgesetzt werden, jedoch bringen gerade Web Services SOA zum Mainstream. Diese Entwicklung verläuft über verschiedene Phasen ab.

Quelle: Quantz/ Wichmann, 2003, S. 47

Abb. 14: Entwicklung von Web Services

Laut dieser Roadmap befindet sich die Entwicklung von Web Services und somit auch die SOA in der Phase der Erwachsenwerdung. Dort sind Web Services aber noch nicht angekommen. Momentan befindet man sich eher noch in der vorherigen Phase und setzt Web Services in einfachen Anwendungsfeldern, sowie bei unternehmensinternen Integrationsprojekten ein. Erst Ende 2004 bzw. Anfang 2005 ist damit zu rechnen, dass Standards für Sicherheit und andere Probleme verabschiedet sind und somit einge-schränkte unternehmensübergreifende Anwendungen ermöglichen. Nach Akzeptanz der Web Service Technologie als Integrationstechnik beginnt die letzte Phase, in der hoch komplexe Integrationsanwendungen unter Einbindung einer Vielzahl von Ge-schäftspartnern ermöglicht werden.[75] In dieser Phase treten wiederum andere Proble-me auf. U.a. werden die Unternehmen mit kulturellen Barrieren zwischen Unternehmen sowie Ländern zu kämpfen haben.[76] Die Umsetzung einer SOA wird in naher Zukunft nicht in ihrem Endstadium, d.h. eine zentrale Datenbasis, Geschäftslogikschicht sowie Serviceschicht, angelangt sein, da noch über einen längeren Zeitraum Legacysysteme eingebunden sind. Jedoch wird aufgrund einer Vielzahl an Vorteilen und resultierenden Nutzen für Unternehmen, wie unter 3.5 beschrieben, sich das Budget der Firmen in den nächsten Jahren wesentlich erhöhen, wobei das Marktvolumen 2010 auf 43 Milli-arden Dollar geschätzt wird.[77] Bis 2008 wird laut Gartner in neuen SOA- oder Web Services-Projekten in 75% der Fälle SOA in Kombination mit Web Services einge-setzt.[78] Dies kann nur erreicht werden, wenn in nächster Zeit fehlende Standards z.B. für Sicherheit verabschiedet werden und SOA bzw. Web Services in die nächste Phase der Erwachsenwerdung wechseln können. Damit wären sie auf dem richtigen Weg, das unter 3.2 angeführte Beispiel des Vielreisenden zur Realität zu machen. Dieses Jahr planen bereits einige Firmen erste Schritte in diese Richtung: „Mehr als die Hälfte (57 Prozent) von rund 70 US-amerikanischen Firmen, die das Marktforschungsinstitut Forrester Research kürzlich befragt hat, planen, noch im laufenden Jahr Web-Services für externe Anwendungen einzusetzen."[79] Trotz alledem wird der Wechsel von Client-Server zu SOA nur langsam vonstatten gehen. Schließlich wurden die Großrechner nach dem Paradigmenwechsel zu Client- Server auch nicht über Nacht abgeschafft und existieren, aufgrund gewisser Vorteile, zum Teil heute noch.[80]

Mit der durch SOA und Web Services ermöglichten Integration verschiedener Unter-nehmen, ist die Voraussetzung für Real-time Business gegeben, welches die konse-quente Umgestaltung der bestehenden IT-Architektur zu einer SOA fordert. Die durch standardisierte Schnittstellen ermöglichte Integration befähigt Unternehmen zu mehr

[75] Vgl. Quantz / Wichmann, 2003, S. 47
[76] Vgl. Stencil Group, 2002, S. 22
[77] Vgl. Reiter, 2004, S. 8
[78] Vgl. McCoy/ Natis, 2003, o.S.
[79] Friedmann, 2004, o.S.
[80] Vgl. Wichmann,2002, S. 2

Flexibilität und erlaubt diesen somit schnell auf technische sowie betriebswirtschaftliche Änderungen reagieren zu können. SOA stellt die technische Basis für Real-time Business dar und kann somit als ein Zwischenschritt auf dem Weg von den traditionellen IT-Architekturen zu Real-time Business gesehen werden.[81]

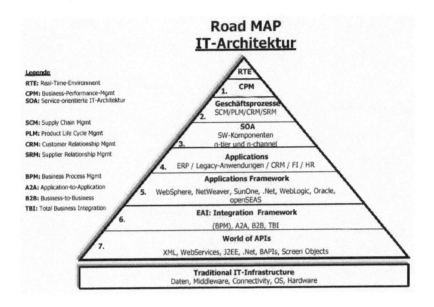

Quelle: Nußdorfer/ Martin, 2003, S. 12

Abb. 15: Roadmap zu Real-time Enterprise

Als eine weitere Entwicklungsmöglichkeit kann das Business-on-Demand gesehen werden. SOA ermöglicht durch lose Kopplung, Verteilung sowie standardisierte Schnittstellen das Konsumieren von Services nach Bedarf. Immer wenn ein Unternehmen eine gewisse Funktionalität benötigt, kann dieses das Verzeichnis nach angebotenen Services befragen und schließlich bei vorhandenen Angebot den entsprechenden Provider kontaktieren. Auch Portale werden in Zukunft immer weiter in den Vordergrund der Interessen rücken. Sie ermöglichen das Darstellen diverser Anwendungen und Systeme durch eine zentrale Benutzeroberfläche. Durch Services und SOA können prozessorientierten Oberflächen optimal mit Funktionen versorgt werden.

Fehlende Einigungen, in Bezug auf Standards, können andererseits das aufkeimende Interesse der Unternehmen schnell zunichte machen. Des weiteren ist eine SOA kein

---

[81] Vgl. Nußdorfer/ Martin, 2003, S. 8 ff.

Garant zur Lösung aller Probleme, dennoch ist sie nützlich und wird zukünftig Teil der meisten Software Projekte sein.[82] Damit kann man abschließend sagen:

„Der Großteil der Unternehmen, die nicht über den Einsatz einer Serviceorientierten Architektur (SOA) nachdenken, wird schon bald einen deutlichen Wettbewerbsnachteil feststellen müssen."[83]

---

[82] Vgl. Natis, 2003, o.S.
[83] Matzer/ Reiter, 2004, S.12, zitiert nach Natis

Literaturverzeichnis

Alonso, Gustavo et al. (2004): Web Services- Concepts, Architectures and Applications, Berlin Heidelberg (Springer)

Alt, Rainer et al. (2004): Architektur des Echtzeit-Unternehmens, in: Alt, Rainer/ Österle, Hubert (Hrsg.): Real-time Business- Lösungen, Bausteine und Potenziale des Business Networking, Berlin Heidelberg (Springer), S. 20-52

Amor, Daniel (2000): Die E-Business (R)Evolution- Das umfassende Executive-Briefing, 1., korrigierte Aufl., Bonn (Galileo Press)

Barry, Douglas K. (2003): Web Services and Service-Oriented Architectures- The Savvy Manager's Guide, San Francisco (Elsevier Science)

Bayer, Martin/ Niemann, Frank (2004): SAPs langer Weg zur ESA, http://www.computerwoche.de/index.cfm?pageid=254&artid=57375&type=detail&kw= esa (eingestellt am 28.01.2004, abgerufen am 13.02.2004)

Bibliographisches Institut & F.A. Brockhaus AG (1999): Der Brockhaus- Multimedial 2000, Mannheim (Bibliographisches Institut & F.A. Brockhaus AG)

Bond, Bruce A. et al. (2000): ERP Is Dead – Long Live ERP II, http://idatar.com/services/longliveerp2.pdf (eingestellt am 04.10.2000, abgerufen am 08.03.2004)

Booth, David et al. (2003): Web Services Architectures, http://www.w3.org/TR/2003/WD-ws-arch-20030808/ (eingestellt am 08.08.2003, abgerufen am 20.01.2004)

Buchholz, Christina (2003): Sicherheitsaspekte von Web-Services, in: Praxis der Wirtschaftsinformatik, HMD 234, S. 70-77

Channabasavaiah, Kishore/ Holley, Kerrie/ Tuggle Jr., Edward M. (2003): Migrating to a service-oriented architecture, Part 1- Introduction and overview, http://www-106.ibm.com/developerworks/webservices/library/ws-migratesoa/ (eingestellt am 16.12.2003, abgerufen am 20.01.2004)

Dangelmaier, Wilhelm et al. (2002): Klassifikation von EAI-Systemen, in: Praxis der Wirtschaftsinformatik, HMD 225, S. 61-71

Datz, Todd (2004): What You Need to Know About Service-Oriented Architecture, http://www.cio.com/archive/011504/soa.html?printversion=yes (eingestellt am 15.01.2004, abgerufen am 27.01.2004)

Dostal, Wolfgang/ Jeckle, Mario (2004): Semantik, Odem einer Service-orientierten Architektur, http://www.jeckle.de/semanticWebServices/intro.html (eingestellt am 22.01.2004, abgerufen am 25.01.2004)

Dunkel, Jürgen/ Holitschke, Andreas (2003): Softwarearchitektur für die Praxis, Berlin Heidelberg (Springer)

Dustdar, Schahram/ Gall, Harald/ Hauswirth, Manfred (2003): Software-Architekturen für verteilte Systeme, Berlin Heidelberg (Springer)

Fontana, John (2003): Resurrecting the distributed app model, http://www.nwfusion.com/buzz/2003/0929soa.html (eingestellt am 09.29.2003, abgerufen am 22.01.2004)

Friedmann, Katharina (2004): So werden Web-Services zum Erfolg, http://www.computerwoche.de/index.cfm?pageid=256&artid=57508&type=detail&kw= web%20services%20erfolg (eingestellt am 30.01.2004, abgerufen am 02.03.2004)]

Galley, Reinhard (2002): Materialwirtschaft II, Ravensburg (Berufsakademie)

Graf, Peter (2003): Integration- Still a Really Hot Topic, in: SAP Info-Quick Guide, 4/2003, S.4-5

Hansen, Hans Robert/ Neumann, Gustaf (2001): Wirtschaftsinformatik I- Grundlagen betrieblicher Informationsverarbeitung, 8., völlig neubearb. und erw. Aufl., Stuttgart (Lucius & Lucius)

Heutschi, Roger et al. (2004): Web Services- Technologien als Enabler des Real-time Business, in: Alt, Rainer/ Österle, Hubert (Hrsg.): Real-time Business- Lösungen, Bausteine und Potenziale des Business Networking, Berlin Heidelberg (Springer), S. 134-155

Hofmann, Oliver (2003): Web-Services in serviceorientierten IT-Architekturkonzepten, in: Praxis der Wirtschaftsinformatik, HMD 234, S. 27-33

Issing, Frank/ Graser, Franz (2004): Positive Zwischenbilanz bei serviceorientierten Architekturen (SOA), aber: - Einigkeit der Hersteller besteht nur bei den Grundlagen, in: Computer Zeitung, 19.01.2004, S. 19

Jürjens, Jan/ Graser, Franz (2004): Einzelkonzepte werden der Security-Problematik nicht gerecht- Services brauchen Rundum-Sicherheit, in: Computer Zeitung, 02.02.2004, S. 14

Kästle, Georg (2003): Iteratives Prozess Prototyping, Ravensburg (Berufsakademie)

Keller, Gerhard (1999): SAP R/3 prozeßorientiert anwenden – Iteratives Prozeß-Prototyping mit Ereignisgesteuerten Prozeßketten und Knowledge Maps, 3., erw. Aufl., Bonn (Addison Wesley)

Koss, John/ Bramer, Chad/ Peterson, Chuck (1998): ERP-Project- History, http://www-personal.umd.umich.edu/~jkoss/ (eingestellt am 25.11.1998, abgerufen am 24.02.2004)

Leuschner, Michael/ Koll, Sabine (2004): Quo vadis Webservices-Standards?, in: Computer Zeitung, 08.03.2004, S. 18

McCoy, David W./ Natis, Yefim V. (2003): Service-Oriented Architecture: Mainstream Straight Ahead, http://www.gartner.com/resources/114300/114361/114361.pdf (eingestellt am 16.04.2003, abgerufen am 24.01.2004)

Mc Dowall, John (2003): Fast Takes- Economics of Service Oriented Architecture, http://www.mcdowall.com/2003_12_29_archive.html (eingestellt am 29.12.2003, abgerufen am 20.01.2004)

Mattern, Thomas (2003): Web-Services als Basis neuer betriebswirtschaftlicher Konzepte, in: Praxis der Wirtschaftsinformatik, HMD 234, S. 34-41

Matzer, Michael/ Reiter, Michael (2004): Marktbeobachter propagieren unternehmensweite Abwicklung von Geschäftsprozessen- Infrastrukturebene steuert serviceorientierte Architektur, in: Computer Zeitung, 12.01.2004, S. 12

Natis, Yefim N. (2003): Service-Oriented Architecture Scenario, http://www4.gartner.com/resources/114300/114358/114358.pdf (eingestellt am 16.04.2003, abgerufen am 20.01.2004)

Niemann, Frank (2004): SAP macht Zugeständnisse in Sachen Release-Wechsel, in: Computerwoche, 06.02.2004, S. 6

Nußdorfer, Richard/ Martin, Wolfgang (2003): Real-Time-orientierte IT-Architektur- Kompendium „Das große Ganze": IT-Architekturen strategisch geplant, http://bs2www.fujitsu-siemens.de/rl/produkte/software/download/white_paper/eai_rte_allgemein.pdf (eingestellt im Juli 2003, abgerufen am 08.03.2004)

Plattner, Hasso (2003): Introduction, in: Woods, Dan (Hrsg.): Enterprise Services Architecture, 1. Aufl., Sebastopol (O'Reilly), S. IX - XI

Quantz, Joachim/ Wichmann, Thorsten (2003): Basisreport Integration mit Web Services- Konzept, Fallstudien und Bewertung, http://www.berlecon.de/output/studien.php? we_objectID=135 (eingestellt im August 2003, abgerufen am 19.01.2004)

Reiter, Michael (2003): Die Interoperabilität wird verbessert- Webservices-Normer rücken zusammen, in: Computer Zeitung, 08.12.2003, S. 13

Reiter, Michael (2004): Eine atmende IT wird 2010 zum Standard- Mittelstand ist gefordert- Serviceorientierte Architektur boomt, in: Computer Zeitung, 12.01.2004, S. 8

Riverton LLC (2003): Benefits of Service Oriented Architectures, http://www.riverton.com/images/benefitsOfSOA_whitePaperDPR.pdf (abgerufen am 01.03.2004)

SAP (2004): SAP NetWeaver-Funktionen, http://www.sap.com/germany/solutions/netweaver/ keycapabilities.asp?printview (abgerufen am 11.03.2004)

Schamberger, Reinhold (o.J.): SAP NetWeaver™ und Enterprise Services Architecture, http://www.whu-koblenz.de/ebusiness/lehre/hs2003/Tech-Grdlg/SAPNetWeaver_D .pdf (abgerufen am 08.03.2004)

Schulte, Roy (2002): Predicts 2003- SOA Is Changing Software, http://www.gartner.com/resources/111900/111987/111987.pdf (eingestellt am 09.12.2002, abgerufen am 24.01.2004)

Sood, Bhavish (2002): ERP, the Sequel, http://www.intelligenterp.com/feature/2002/09/0209feat1_1.jhtml (eingestellt am 17.09.2002, abgerufen am 01.03.2004)

Stencil Group (2002): The Laws of Evolution:- A Pragmatic Analysis of the Emerging Web Services Market, http://www.stencilgroup.com/ideas_scope__200204evolution.pdf (eingestellt im April 2002, abgerufen am 25.02.2004)

Sun Microsystems (2004): Das Chaos hat Methode, in: Computer Zeitung, 19.01.2004, S. 19

Thole, Silke (2004): Mysap stellt kein langfristiges Migrationsziel dar- Technologieberater empfehlen SAP-Kunden die technologische Entwicklung abzuwarten- Fremdbetrieb sinnvoll, in: Computer Zeitung, 02.02.2004, S. 9

Travis, Brain (2003): Section 3: Developing Service-Oriented Architectures- FoodMovers: Building Distributed Applications using Visual Studio .NET, http://msdn.microsoft.com/library/en-us/dnbsent/html/FoodMovers3.asp?frame=true (eingestellt im November 2003, abgerufen am 11.02.2004)

Wachter, Christoph (2003): Driving Force, in: SAP Info-Quick Guide, 4/2003, S. 34-35

Wichmann, Thorsten (2002): Web Services als Integrationstechnologie- Wer profitiert?, http://www.berlecon.de/presse/kolumnen/BerleconWebServices0205.rtf (eingestellt am 03.05.2002, abgerufen am 19.01.2004)

Woods, Dan (2003): Enterprise Services Architecture, 1. Aufl., Sebastopol (O'Reilly)

www.ingramcontent.com/pod-product-compliance
Lightning Source LLC
LaVergne TN
LVHW092344060326
832902LV00008B/790